돌담 위에 핀 꽃

박영순 시집

돌담 위에 핀 꽃

한강

서문

최광호 | (사)한국문화예술연대 이사장 |

　박영순 시인은 〈시인의 말〉에서 "시는 내가 살아온 삶이며 마음이다. 이른 봄 길가에 핀 여린 민들레와 같다"라고 말한다. 시인은 생명력이 강한 민들레를 통해 참나를 찾고 있으며 우리는 시인의 시적 태도와 의지를 읽을 수 있다.
　이처럼 시인은 자연의 시적 대상을 통해 시를 창작하며 아울러 시가 곧 시인의 삶임을 밝히고 있다.

　　그대 부르시니/ 하늘의 별/ 남 몰래 꽃이 되었습니다// 불리울까 애태우다/ 잦아진 한숨/ 낮밤 없이 꽃등 밝혔습니다// 손길 닿을 적마다/ 하얗게 드러나는 사랑의 실체/ 난 분분 꽃

그림자/ 온통 꽃 투성이 가슴/ 그대 때문에 제가 웃었습니다//
웃다 보니 마구 웃는 얼굴/ 슬픔보다 더 아픈 웃음/ 눈물이
가여워/ 감춰 보이고 싶지 않던/ 으스러진 남보랏빛 눈물 꽃/
덧없이 스러져/ 그대 뜰 안에서 한세상 살다 갈까.
― 〈그대의 뜰〉 전문

　시인은 자연의 시적 대상을 통해 자신의 다양한 정신적 사유의 흔적을 형상화하고 있다. 바로 자연 속에서 인간 삶의 순리를 찾아 확장함으로써 삶과 자연의 의미를 새롭게 창출하고 있다.
　이처럼 시인에게 자연의 소재는 시적 상상력의 근간으로 작용하고 있으며 나아가 삶을 올곧게 유지할 수 있는 영혼의 안신처와 같다 하겠다.

먼동이 트면 잠은 깨지만/ 안개가 온천지를 뒤덮은 새벽
시간// 뜬눈으로 밤새고 돌아오는 시간/ 탈 없이 돌아오길
기도해// 모든 것이 인연의 끈이라고/ 또 때를 챙기고/ 이게
바로 사랑일까?// 고운 정은 얼마나 들었을지/ 모두가 셀일
수 없는 시간 속에// 그리움을/ 모아 놓은 것이 기다림이다.
― 〈기다림〉 전문

　시인의 시가 감동스러운 것은 삶에 대한 진솔한 자기고백이 삶의 의지와 진정성에 맞닿아 있기 때문이다.

"모두가 셰일 수 없는 시간 속" 기다림의 시간은 "그리움을 모아 놓은 것이"라는 시인의 진솔한 자기 고백적 진정성의 사유는 시집 전반에 걸쳐 미학적 지향의 좌표가 되고 있으며 이는 시의 담백한 정서를 그대로 느끼게 한다.

> 지금까지 모든 삶들이/ 바람들이 부지깽이 삶이고 아픔이고/ 우리네 소유물일 뿐/ 내 자신만의 내 것은 없다/ 삶 속에 숨어 있는 수많은/ 우리가 걸머져야 할 소유물일 뿐/ 공기 못 된 바람 속에서도/ 공간 사이에 끼어/ 벗어나지 못한 모든 것들이 다/ 아직 이승과 저승 사이에 있으나/ 가려진 것 없다/ 내 자신만의 내 것은/ 볼 수는 있으나 빼앗아 갈 수 없다/ 내 것의 나는 언제나/ 자연으로 가고 있다.
> ―〈빼앗아 갈 수 없는〉 전문

한 편의 시에서 순정한 영혼을 일깨우려는 시인의 첨예한 사유는 한없이 고달프고 고통스러운 것이다. 이렇게 쓰여진 시는 언어 이전 시의 행간에 각인된 영혼의 울림과도 같다.

시인은 시를 통해 삶의 허무와 아픔을 의연하게 대처하며 역경 속에서도 끝내 희망을 꿈꾸고자 한다. 시가 아름답고 감동스러운 이유는 삶이 지치고 힘이 들 때 한 구절의 시구가 인간의 영혼을 정화시키고 위안을 안기기 때문이다.

  금번에 출간하는 박영순 시인의 시집『돌담 위에 핀 꽃』은 이러하기에 울림이 깊다.

  박영순 시인의 시는 전반적으로 자연 친화적이라 할 수 있다. 자연 친화적 이미지는 어머니의 포옹과도 같아 상처 받은 영혼들을 따뜻하게 감싸 안아 준다. 이런 시인의 시가 따뜻하게 널리 읽히리라 생각하며 서문 몇 자 남긴다.

2022년 3월에
문학공간사에서

시인의 말

삶이 나락으로 떨어져
산에 뛰어올라 비스듬히 누워 한숨 쉴 때
어디서 새 한 마리 날아와
잠자리를 낚아챘다.
저것 봐라. 정신 차려야 했다.
나는 애들도 어리고 정신 차려야 할 나이,

문학을 생각하며 파주문학을 찾았다.
그곳에는 아이를 업은 아줌마도 있었다.
원희석 선생님께서 시를 써보라고 하셨다.
〈고추〉라는 시를 썼는데
처음 들어온 학생이 잘 썼다며

칠판에 내 시를 써 보이며 칭찬하셨다.
그 바람에 시를 쓰게 되었다.

늦깎이임에도
가족들은 그런 나를 말없이 응원하였다.

시는 내가 살아온 삶이며 마음이다.
이른 봄 길가에 핀 여린 민들레와 같다.

쥐구멍 속에 갇혀
밖에 나오지 못했던 글이
버려질 것 같아 부족하나마
용기를 내어
내 이름의 시집이라 써 본다.

많은 이해와 격려 부탁드린다.

2022년 3월에
박영순

박영순 시집   돌담 위에 핀 꽃

□ 서문_최광호
□ 시인의 말

제1부 그대의 뜰

갈대에게 묻다 —— 17
부러워하지 않으리 —— 18
그대의 뜰 —— 19
꽃, 나비, 사랑 —— 21
작은 채송화 —— 22
들에서 —— 23
작은 야생화 —— 24
나뭇잎 —— 25
가을로 가는 끝자락 —— 26
백목련 —— 27
붉은 카네이션 —— 29
성에꽃 —— 30
걸어간 자리 —— 32
무화과꽃 —— 33
물곰바위 저어새 —— 34
달맞이꽃·1 —— 35
달맞이꽃·2 —— 36
모닥불 —— 37

돌담 위에 핀 꽃 　　　　　　　　　　　박영순 시집

제2부 그리움

41 —— 마음의 비밀
42 —— 두 마음
43 —— 어느 날
44 —— 새벽 성에꽃
45 —— 그리움·1
46 —— 그리움·2
47 —— 기다림
48 —— 빼앗아 갈 수 없는
49 —— 유리창에 그린 행복
50 —— 통화 중의 아쉬움
51 —— 너
52 —— 물그림자
54 —— 매듭
55 —— 틈새
56 —— 너의 안부
57 —— 보랏빛 향기
58 —— 내 안의 봄
59 —— 안개

제3부 다시 희망이여

밤비는 내리고 —— 63
다시 희망이여 —— 64
한 해를 보내며 —— 65
오늘도 —— 67
꿈 —— 68
내 발자국 —— 69
죽 한 그릇 —— 70
2017년을 보내며 —— 71
첫 대면 —— 74
상처받지 않으면서 사는 삶 —— 75
한 것 없는 해는 가고 —— 76
밥과 시 —— 79
뒷걸음으로 산을 오르다 —— 80
거꾸로 가는 하늘 —— 81
안개 낀 새벽 산 —— 82
거짓말쟁이 —— 83
자유의 다리에서 —— 84
요란스런 수레 —— 85

돌담 위에 핀 꽃 　　　　　　　　　　　박영순 시집

제4부 가끔 그 숲길에서

89 ── 가끔 그 숲길에서
91 ── 감사할 뿐이고
93 ── 내 힘으로 할 수 있는 게 없고
94 ── 산딸기
96 ── 쌍계사에 부는 바람
98 ── 은빛 머리
99 ── 출근 시간
100── 분꽃 장난
101── 이렇게 살 수 없을까
102── 엄매
103── 딸과 함께
104── 눈싸움 추억
105── 두레 우물
108── 우리 집 엔돌핀
110── 딱지 줍는 할매
113── 꽃박람회
114── 아침 참새
115── 할미꽃 손

박영순 시집 돌담 위에 핀 꽃

제5부 하루의 사랑

길 위의 삶이 오늘은 낮달로 뜨는가 ——— 119
시계와 달력 ——— 121
남자는 바보 ——— 122
새벽 산행 ——— 123
시간의 틈 ——— 125
바람 부는 길 ——— 126
보따리 ——— 127
겨울 산 ——— 128
하루의 사랑 ——— 129
얼음 하늘·1 ——— 130
얼음 하늘·2 ——— 131
나뭇가지가 팔 벌리면 ——— 132
들녘의 볏짚 ——— 133
망상 해수욕장 ——— 135
사람들아 사람들아 ——— 137
거울을 보며 ——— 139
중년 갈매기 ——— 140

제1부 그대의 뜰

갈대에게 묻다

아직은 웬만큼 젊었다
그리 생각하는 내가 물었다
갈대에게 이 젊음 가기 전에
내가 찾고 있는 것이 무엇인가?

세상에서 가장 날렵한 줄기
그 끝 하얀 갈대꽃
흔들리는 모습이야 역시 젊은
가을 갈대가 말하길
전혀 뜻밖의 청춘은 아름답지
백발마저도 설레설레
고개 흔드는 갈대꽃

회한인가 함께 거닐어 보자는
속삭임인가 그 내막 알 수 없는
갈대 갈피를 붙잡고 걷는 이
묻는 이를 놀리는 듯 싶네.

부러워하지 않으리
― 호박꽃

한여름에 솟구치는
바깥 열기는 젊어도
난 화려한 외출만 꿈꾸는
한 묶음의 꽃다발을 부러워하지 않으리

세상 경계에 머무는 담장 위의 내 자리
보람과 알참 속으로 맺히고자
여자의 넉넉한 자양으로 남으리

내 몸 무거워지면 물구나무로
줄기에 거꾸로 매달려야 하지만
하나의 꿈으로 속속들이 익어서
너에게 찾아가는
그날 한 계절 정리하는 삶
황금처럼 누런 꽃으로 남으리.

그대의 뜰
― 도라지꽃

그대 부르시니
하늘의 별
남 몰래 꽃이 되었습니다

불리울까 애태우다
잦아진 한숨
낮밤 없이 꽃등 밝혔습니다

손길 닿을 적마다
하얗게 드러나는 사랑의 실체
난 분분 꽃 그림자
온통 꽃 투성이 가슴
그대 때문에 제가 웃었습니다

웃다 보니 마구 웃는 얼굴
슬픔보다 더 아픈 웃음
눈물이 가여워
감춰 보이고 싶지 않던
으스러진 남보랏빛 눈물 꽃

덧없이 스러져
그대 뜰 안에서 한세상 살다 갈까.

꽃, 나비, 사랑

꽃 보고 너울대는 나비
살며시 웃어 주는 꽃

소리 없는 속삭임이지만
서로 보듬음은 절절하구나

밤새 다친 곳은 없는지
답답하게 한 것은 있는지
나의 말과 행동으로
마음 상하지 않았는지

서로 독점하려 하지 않으면서
주고받기를 즐기며
칭찬과 격려로
신뢰를 쌓는
꽃과 나비의 행복한 사랑.

작은 채송화

가녀린 꽃잎 활짝 피어
바람에 움츠리는 날인데도
한나절 피고 지는 너

벌새 한 마리
꽃과 입맞춤한다

친구들 꽃 피울 때 상처받은 꽃
벌새 친구 찾아와 반겨 주니
안간힘 내밀어 꽃을 피우니
햇빛 좋은 오후

여름 맞아 찾아온 꽃잎 선녀
멀리서도 네가 핀 줄 알겠구나.

들에서

누가 나를 부른다
옛 친구일까?

돌아보아도
돌아보아도
갈대꽃 무리

누가 내게 손짓한다
가까이
가까이
다가가 보면 허전한 마음

기억처럼
멀어지고
멀어지는
억새꽃 무리

하얀 손 수많은
무리
무리.

작은 야생화

땅 얕게 피어 있던 야생화
나를 봐야 한다고
그냥 보기엔 보이지 않고
고개 숙이고
허리 숙이고
나를 봐야 한다고
미안합니다
고맙습니다
사랑합니다
작은 저에게 인사를 해서….

나뭇잎

내 나무야
가뭄에 단비처럼
속빈 강정처럼
바스라져도 고수할 수 있고
비가 와도 웃을 수 있으면
좋겠어
봄바람에
나뭇잎 팔랑거리며
춤출 수 없을까
빠짝 마른 내 나무야.

가을로 가는 끝자락

모두가 마른 삭정이
불살라 버리면 재가 될 것을
속내를 태우며
끈적거리던 송진은
젊은 날 다 쏟아내고
뼛속은 이미 골다공증으로
변한 빈 수수깡

봄 여름 가을을 보내며
빨리 시들어 버리는 꽃
해 뜨고 별이 숨는 날이
활동사진처럼 지나가며
이제 새순은 돋지 않고
노랫소리도 허물어지며 떨어지는
가을로 가는 끝자락.

백목련

찬바람에 몸 맡긴 채
저리도 아픔을 견디어
흩어진 발자국
학춤을 추며 날아간 새

몇 년이 가도 소식이 없더니
서걱서걱 몸 부비다가
눈부시게 하얀 홈드레스 입고 계시네

무더기로 돋은 날개의 깃털 달고
새가 되어야 하나
겸손은 떨구면서 견고해졌네

그대 섰는 방향 감도는 침묵
언젠가는 하늘도
빛으로 가는 길을 여는 반란 속
눈물을 허락하는 소리의 뒤를 쫓다가
밝은 얼굴 볼 수 없네

인연으로 만나는 또 다른 세상
이제 눈물이 되어
손을 길게 뻗어 걷어내는 것이
고스란히 아우성치며 마음 다치게 해도
떠나지 못하는 것은
밀어올려 피워낸 그 비밀스런
한의 한 조각을 찾아냈지요
이렇게 애타는 마음 보시려고
이곳으로 오시었군요.

붉은 카네이션

마음을 품은 심장은
피처럼 붉은색이라지
사랑도 정열에 값하려면
붉게 타오른다지
그런 꽃이면 좋겠네
카네이션, 그중에 붉은 꽃잎 활짝 펼친
전생이 피 같은 열정 가득한
붉은 카네이션 바라보면
나의 삶이 정열의 체온보다
몇 도나 더 뜨거울까?
뜨겁기나 한 걸까?
아무래도 부끄러워
스스로 냉정한 척 굴었던
그 부끄러움에 내 얼굴 화끈
느닷없이 뜨겁네
붉은 카네이션 앞에 두고.

성에꽃

어느 날 내 이층집 창가에 핀
하얀 성에꽃 보며

그 옛날 어느 몹시 추운 날
문풍지 바람을 떠올리며
어머니 흰머리는 그랬지

성에꽃 화판처럼
갈래갈래 무심히 돋아나
한 줄 뽑듯 닦으면 닦일까

오늘은 나의 성에꽃 비치는
거울을 보며
넌지시 아들을 부른다

딸의 손길은 더욱 세세하다
거울 속의 내 세월을 매만지는 손

유리창에 핀 성에꽃

거울 속에 핀 나의 꽃을 보며
부쩍 세상이 덧없음을 느낀다.

걸어간 자리

얼마나 더 밟힌 후에
내 속을 보일 수 있을까
깨어지고 부스러져도
겉과 속이 같아야 할 연륜인데
오해로 바라보는 사람들에게
무엇을 보여 줄까
더 이상 깨어질 수도 부서질 수도 없는
이 현실
장마가 휩쓸고 간 자리처럼
그들이 밟고 부쉈던
검은 보도블록의 내부
걸을 수 없는 길과
남아 있는 길의 희망을
이해할 수 있을까
오가는 사람들의 길에서
또 얼마나 멀리
세월이 흐르면.

무화과꽃

꽃인데 꽃이 아니다
필 때부터 열매가 달린 꽃
그러니까 꽃이 피지 않고 맺히는 열매
꽃이면서 열매
열매이면서 꽃이다
벌 나비 절로 부르는 열매
꽃 같지 않았던 열매가
늙은 부부의 손에 무겁다
맛있게 무겁다
무화과 사는 날
손녀가 떠올라
지갑에 손이 저절로 간다.

물곰바위 저어새

서해 물곰바위에 사는 저어새
인근 인도를 오가며
입에 가득 먹이를 물고 삼키지 않고
둥지를 찾아 날갯짓한다
푸른 남쪽 하늘 사이로
푸른 북쪽 하늘 사이사이로
저어새는 날아서 새끼를 향해
곧장 부르는 시간
망둥이, 새우, 조개, 가재 등
목에 가득 찬 저어새
새끼는 부리를 어미 입 속에 쪼아댄다
반쯤 소화한 입 속의 마음
저어새 작은 새끼는
어미새의 마음을 먹고 자란다.

달맞이꽃 · 1

길가의 돌 틈 사이 새순 한 잎
그때 어린 너 생각나네
네 몸을 다시 살리듯

작은 손 꼭 쥔 재롱으로 돋는 잎새
물기로 푸른 나뭇가지 사이
새의 눈망울로 빛나는
꼬리별 바람

시계 소리 딛고 가늘게 오는
네 작은 목소리
울게 하는 내 가슴 안개길
밟으며 걸어라 하네

잠시 그려진 너의 얼굴이
고목 사이에 움터
가슴속 가득히 안겨 오네.

달맞이꽃·2

저녁노을이 질 때면
너의 맑은 눈동자
으스름 빛에 젖어 허허스런
내 가슴에 가득해

어둠이 짙어 삽살개 짖어댈 즘
잠을 청하지만
어느새 고목 뒤로 돌아간
내 어린아이의 영혼을 찾아
붉은 황토에 묻은
짧은 너의 기억은
이 밤에 다시 엄마의 품으로
포근히 안겨

지금은 흙이 되고 풀이 된
너의 작은 모습이 오늘밤
살아 숨 쉬고 푸르름으로 생생해.

모닥불

무엇엔가 쓸모 있었으리
쪼개진 판자, 부러진 막대기 하나에도
휘어진 못,
세상의 현장 떠받친 흔적이
싸늘한 바람 속에 그것들 몸을 푼다
마지막 잔해마저도
불꽃이 되어 보여 주고 싶은
내가 아는 젊은이에게
꼭 보여 주고 싶은 뜨거운 생명의
모습으로 꿈틀거린다
하나일 때 곧 꺼질 듯 위태롭지만
한 덩어리로 모아 놓은
불씨는 겨울날의
사람들을 불러 모은다.

그리움

제2부

마음의 비밀

너는 행복한 듯
웃는 듯 피어나지만
햇빛 머금은
뿌리 끝 자양을 흡수할 때
지난날의 너였던 그 자리에
비바람 아픔으로 몰아치던 날 생각난다
너를 옆에 세우고
사진 찍던 소녀의 손가락 같은
꽃잎이 한 잎 또 한 잎
몰래 너를 훔치는 도둑이 되고 싶다
행복한 도둑
꽃을 훔치는 마음의 비밀
들키고 싶은 날.

두 마음

멀리서 그리웠으나
가까이 다가오니 두렵네

그대로 그냥 부르지 않은
무심한 관계였으면 싶네

알 수 없는 두 마음
회색은 복잡해라

느닷없이 몰려오는 졸음처럼.

어느 날

탱크가 줄줄이 지난 뒤
황토물이 많아
싸리비로 쓴다

힘없어 쉴 때
물이 잠잠히 자고
햇빛이 비추이며 쉬고
그 맑고 환한 땅속에
까치는 깍깍

햇빛은 유난히 맑고 맑다
우리의 삶은
이런 걸 기다리는 인내

흙탕물 속에도
빛은 있다.

새벽 성에꽃

칼바람에 지난 새벽
멀리 보이는 산과 들
하늘 천사 내려와
이 넓은 대지 위에
살아 숨 쉬는 보석들 뿌려놓고
가버린 아침

나무와 풀숲에 앉아 있던
찬란한 은빛 보석들
어느새 햇볕에 앉아
갈래갈래
무더기 꽃으로 피어나
오늘도 말년의 빛나는
멋으로 산다.

그리움 · 1

길가에 새순 틈 한 그루
누구일까
그때 어린 너
생각나네 이 몸을 다시 살리듯

작은 손 꼭 쥔 재롱으로 돋는 잎새
물기로 푸른 나뭇가지 사이
새의 눈망울로
빛나는 꼬리별 바람

시계 소리 딛고 오는
네 작은 목소리 가늘게 가늘게
뿌리 박혀 울게 하는
내 가슴 안개 길 밟으며
걸어가라 합니다

잠시 떠올랐던 어린 얼굴
나무가 움터
눈 속에 안겨 옵니다.

그리움 · 2

노을이 질 때면
네 맑은 눈동자도 빛에 젖어
허허로움만 가득한데
어둠 내리고 삽살개 짖어댈 때
청하던 잠 오지 않고
오늘밤도 고목 뒤로 돌아간
내 아이의 영혼 찾아 나선다
황토 속에 흙이 되고
꽃이 된 내 작은 모습이
오늘따라
그립구나.

기다림

먼동이 트면 잠은 깨지만
안개가 온천지를 뒤덮은 새벽 시간

뜬눈으로 밤새고 돌아오는 시간
탈 없이 돌아오길 기도해

모든 것이 인연의 끈이라고
또 때를 챙기고
이게 바로 사랑일까?

고운 정은 얼마나 들었을지
모두가 세일 수 없는 시간 속에

그리움을
모아 놓은 것이 기다림이다.

빼앗아 갈 수 없는

지금까지 모든 삶들이
바람들이 부지깽이 삶이고 아픔이고
우리네 소유물일 뿐
내 자신만의 내 것은 없다
삶 속에 숨어 있는 수많은
우리가 걸머져야 할 소유물일 뿐
공기 못 된 바람 속에서도
공간 사이에 끼어
벗어나지 못한 모든 것들이 다
아직 이승과 저승 사이에 있으나
가려진 것 없다
내 자신만의 내 것은
볼 수는 있으나 빼앗아 갈 수 없다
내 것의 나는 언제나
자연으로 가고 있다.

유리창에 그린 행복

한 방울의 비눗물이 요술 부릴 때
내 널따란 도화지엔 해님 찾아와
일곱 색깔 무지갯빛 만들어

어둔 내 가슴 깊이
밝고 아름다운 꿈을 그린다

수양버들 하늘거리는 연못가
포도 넝쿨 우거진 담장 만들어
청기와 덧씌운 대궐을 짓네

만물들 초여름 바람과 함께
춤을 춘다

순간에 맞이하는 숲속의
내 울안
넘실대며 부푸는 행복.

통화 중의 아쉬움

내 마음에 속속 안기는
전화로 속삭이는 소리
너의 목소리에 묻는
그리움 때문에

쓰디쓴 찻잔에 그리는 영상
잊지 않기 위하여
보고픔을 삼키는 나

오늘도 마음속의 제일 가까운 곳에
영상처럼 돌아가는 시간을
찻잔에 타 마신다

잊지 않기 위하여
눈물 흘리지 않기 위하여.

너

예쁜 너
어버이 아닌 어버이다

보면 웃어지고
나도 모르게 어여쁨에
넋을 놓고 쳐다보게 되는 너

어린이날 내 꽃, 우리 꽃들
오른팔, 왼팔 그리고 손가락
한 군데서 만나고
못 먹던 한 끼 먹으면 헤어지고
세월 도둑은 여전히 만개해
꽃을 피우고 있어

너 때문에 행복해지는 오늘
꽃, 너가 있어 행복한 거야.

물그림자

흐르는 물에도 그림자는 진다
물끄러미 제 그림자 바라보는 물
스스로 그림자 되어 본다

외로움 달래며 놀기 위해
가슴속 박힌 못을 빼 버리기
홀로 잊기 싫어서 아니다
물그림자다

조용히 나를 감싸 안고 있는
어머니 품속이다

다 비운 채 나와 있으니
하늘이 자기 모습을 풀어 놓아
흐르게 한다

하늘이 가슴앓이를 하나 보다
빛이 가슴앓이를 하나 보다

자기 몸에 그림자를 새겨 넣는 물
그저 다 비운 채 있다 보니
그림자 진다

아, 사랑인가?

매듭

풀기 위해 엮어 놓은
인연의 고리 같은 것
단칼이 무슨 소용
한 두름의 굴비처럼
순순히 잘도 풀리는데
엮을 때 불과 하루 앞을 못 보듯
질끈 너무 동여매지 말 일이다

매듭이란 풀어야 한다
자르는 것은 아니다
서로의 약속도 나만의 다짐도
강철처럼 굳을수록
얼마나 깨어지기 쉬운 건지 안다

매듭은 조롱조롱 매달린 굴비
짭조름한 군침 돈다
잘 엮은 매듭은
하나씩 풀면서 또 은근히 끌어당기고
더없이 맛있게 풀리는 것.

틈새

눈 쌓인 들판에 서 봅니다
미움의 틈새
느낌 속으로 파고들면
빛나는 건 참 많습니다

추운 것은 흰 것에 감싸이고
흰 것은 햇빛과 만나
맨살로 함께 뒹굽니다

우두커니 서서 구경하다가
마침내 스치는 바람 속 말
움켜쥐려 손을 쳐듭니다

그래도 잡념의 옷 벗지 못합니다
열망의 겨울과 인류의 삶

너의 안부

너의 퇴근 시간
오지 않는 너에게 전화를 건다
전화 속에 들리는 너의 음성
"예 다 왔어요"

네가 다 왔다는 버스 정류장을 바라보며
나는 기다리는데
한참이 지나도 너는 오지 않고
다 왔다는 거기는 어디일까

다시 전화에 눈길이 간다
불과 하루의 반이 지났을 뿐인데
버스는 지금 어디쯤
오고 있는지

몹시도 궁금한 너의 안부.

보랏빛 향기

들을 지나 어디쯤 갔을 무렵
어디선지 모를 향기를 쫓아
한없이 걸으니
그곳에 넝쿨이 엉키고 설켰는데
보라 꽃이 조그맣게 매달려
트리를 단 것마냥
벌 나비 떼 먼저 와
이 꽃에 저 꽃에 난리라네

그 향기에 취해 집에 올 줄 모르고
한참을 반했네
나도 나비인 양
마음은 춤을 추네.

내 안의 봄

바깥의 봄은 한순간
우리 곁을 지나지만
모른 채 스러지는 봄이 아닌
아름다운 봄
내 안의 봄

내 의상은
보지 않아야 빛나고
내 울안엔
사계절 꽃이 만개한 것을
나만 느끼지만
그래도 좋은 봄

마음의 젊음이 있어
육신이 활발하니
모든 게 만사형통
이런 봄은
내가 만드는 봄 봄.

안개

어스름 안개 속 걷는 듯한 나의 삶
오늘도 덧없으며 헛될지라도

따뜻하고 온유한 빛 비치면
한 잔의 물컵 밖에 안 되는 안개

모든 잡념을 몰아주며
소리 없이 언덕 넘는 해님의 얼굴

내가 가야 할 길 열어 주더니
소리 없이 언덕길 홀로 넘어간다.

제3부 다시 희망이여

밤비는 내리고

우레와 번개는 번쩍번쩍
무엇이 있는 걸까?
모래성 위에 집을 짓는 거지
검은 밤이 하얀 오늘
갑자기 저 넓은 하늘에
백로가 생각난다
백로는 혼자서 세상살이 버거운지
꼭 한 친구를 기다리는 것을 보았다
그걸 사랑이라고 하는 건가?
둘이서 큰 날갯짓하며
파란 하늘을 나는 것을

어느덧 비는 멈추고
아침이 밝았다
오늘도 내일을 향하여 열심히 살아야지.

다시 희망이여

사랑이 있기에
믿음은 깨어지지 않는다
우리 사는 한 가족
왜 그랬니?
희망이여
방황하는 너
너의 미소
믿음이 깨어질 때
희망은 자살한다
사람의 믿음은
영원하여야 하리.

한 해를 보내며

어두웠던 긴 터널을 빠져나오는 심정으로
밝은 태양을 바라보며
지난해 엎질러진 물 같은
숱한 사연일랑은
값비싼 처세의 해답이라 여기며
내게 드리운 먹구름 장막
걷어 젖히고 맞이하자
새해는 새해답게
골짝의 물은 흙탕물일지라도
흐르고 흘러 점점 낮은 데로 내려갈수록
차분히 가라앉히며 해맑게 잠재우고
그래도 피할 수 없는 먹빛 하늘
무겁다면 바람의 시련이라 생각하며
담담하게 그 아래 지날 것이다
하늘은 무슨 일에 두려워하나
주님의 존재는
그 어디에 보이지 않아도 나는 믿으리
나에게 꼭 맞는 은혜란
다만 자유롭게 숨 쉬며 살아 있는 것

하루하루가 은혜의 빛임을
깨달으며 한 해를 마감한다
끝맺기란 시작의 또 다른 말
무심한 듯싶어도
무수히 거듭되는
희망 솟구치는 내일을 약속한다.

오늘도

비 그친 다음 날
세상이 상큼하다

먼지들은 다 씻기고
날이 밝다

그 푸른 나무 아래 서 있는 나

밝은 햇빛
맑은 물 마시며
황새 되어
오늘도 날고 싶어라.

꿈

어느 날부터인가
나의 돼지는
땡그랑 땡그랑
잘도 삼킨다

돼지의 뱃속에는
많은 학이 꿈을 그리며
푸드덕거리고 있다

언젠간 세상 밖
새파란 하늘 보며
긴 날개 펴
마음껏 날 것이다.

내 발자국

흰 눈 내린 이른 새벽
하얀 눈 위에
나란히 걸어가는 내 발자국
성당을 향하여
아무도 걷지 않는 흔적을 만듭니다

그 무엇이 있기에
그곳을 향하는가?

가로등이 홀로 비추고
나의 하느님, 성부 성자 성신
그 믿음의 하느님이 계신 곳으로 향한다

그곳은 아무도 없어
열쇠를 가지고
문을 열어야 한다.

죽 한 그릇

뜨거우니 식혀 먹어라
식혀도 적당히 식혀야지
너무 식어 싸늘하면 목에 걸려
쉽사리 넘길 수 없는 죽

뜨겁거나 식거나 본래의 맛에서
한참 멀어지는 한 그릇의 죽
다시 나는 아이에게
다른 해줄 말이 없네

뜨겁다고 너무 식히지는 말아라
보통으로 살라고 할 뿐
달리 할 말이 없네

김 서린 죽 한 그릇
아이 앞에 놓아 주며.

2017년을 보내며

오늘따라 매서운 추위가 몰아쳐
길가에 지나는 사람 하나 없는
이곳에 내가 산다

우리 집은 옛날 집
지금도 연탄불을 뗀다
집 안은 무척이나 따뜻하다
요즘같이 추운 날에도
그이는 일을 한다
나는 집을 본다
부업을 한다
타올 두 장을 개어
한 봉지에 담아
또 박스에 20개씩을 담는다
한 개를 하는데 40원
하루에 200개
그것뿐이 할 수 없다
오늘 새벽도 그대 얼굴에
손을 얹고 기도를 한다

혼자 속으로
어려운 환경 속에서 아프지 말라며
늙어 죽을 때까지
요즘 같이만 살아도 행복하다 말하리
남들은 월세로 사는데
나는 조용히 연탄불에
따뜻한 것도 행복이다 말하리
아들아 딸아
이 추위에 어미는 걱정이 된다
세상살이가 얼마나 버거운지
불쌍할 때가 너무 많지
돈 많은 부모를 만났으면
이렇게 고생하지 않을 텐데
차라리 조용히 잠들고 싶을 때가 많지
아들과 딸이 너무 세상살이가 힘들어
전화 한 번 할 시간이 없는데
그러나 우리만 못한 사람도 많다는 걸 생각하면
열심히 살자
우리 새해를 맞이하여 모두가 파이팅

전화 한 통과
너희의 맑은 목소리만 들어도
업그레이드한 기분으로 사는 내가 있다는 걸
새해에는 잊지 말아라
아들 딸 우리 손녀들
모두가 건강하고
좋은 일들만 많았으면 좋겠다
다들 열심히 살자
내일은 꽃이 핀다
고달팠던 날들이 떠나고….

첫 대면

한 번도 못 가본 큰집
첫날 어른들 하시는 말씀
가슴 깊이 못이 박혀
퇴행성 관절처럼 아픈 날

말로 혈육의 가슴을
울리지 말아야 할 것이다

요즘은 문득 세월의 뒷장을 본다

어느새 칠십 바퀴를 돌아도
깊이 박힌 그 말씀들이
약이 되고
사랑으로
오해로
빛나는 날들

말씀들이 삶에 약이 되었음을
싫어했던 것마저 보고 싶은 날.

상처받지 않으면서 사는 삶

걱정하기를 단번에 그만둔 사람은 행복하다

상처는 두 가지를 알게 한다
바로 사랑과 시간이다

사람은 언제나 잃게 된다
치유하지 못하는 상처는 없다.

한 것 없는 해는 가고

올해는 문학상 차상
경기문인협회 시詩 등록
파주문학에 2편
문학공간 신인상
얼마나 좋은 날들인데
왜 울적해 있는지 나는
뇌리에 왕따 같은
회원들의 행동에
마음이 너무 아팠다
인사를 해도 안 받는 회원
보고도 모른 체하는 회원
모든 면에서 왕따라는 아픔을 겪고
인내로 걸어온 22년이란 세월에
모든 것을 잊어버리고
새해는 새해답게 맞이해야겠다
시도 옛날보다 신경쓰고
사람도 많이 알고 많이 쓰고
그만 아파하고
긍정의 힘으로 살아야 한다

그리고 더욱 열심히 살아야 할 것이다

요즘은 어떻게 살아야
더욱 열심히 사는 것인가 하는
생각뿐 몸이 내 맘대로 되지 않는다
돌아오는 해는 버릴 것은 버리고
쓸 것은 남기고 그렇게 살아야 한다
더욱 굳게 살아야 한다
자식들도 자신의 자식들, 가족들 돌보느라
크리스마스고 추운 날이고
아무런 전화 한 번 없는 것이
저들을 지키며 살아온 날들이 너무나 허무하다
그때의 과거는 과거일 뿐이라고
내 젊은 피보다 진한 눈물도 쌓일 것이 없이
세월은 가고
이제는 한 가닥 가슴속에 모아 놓은 쓰레기
과거의 쓰레기다
봄을 맞이하여 쓰레기도 버리고
더욱 열심히 살아야 한다

내일은 좋은 것만 생각하자
앞을 생각하며 노력하겠다

다시 오라 밝은 태양이여
내가 맞으리라
눈 크게 뜨고 웃으며
살 것을 약속해 본다
나에 대한 생각들도 소중히 하고
더욱 열심히 살자.

밥과 시

밥과 시, 무엇이 중할까?
한때는 밥과 돈이 되지 않는 시를
왜 쓰나 물었지

배고픈 시를 버리지 못하고
배부른 돼지보다
배고픈 시인의 길
밥이 안 되는 시
버리지 못하는 시인의 마음

시가 있어 가난하지만
마음의 부자이니
옛날로 귀 기울이네
백결 선생 음성 들려
밥과 시 두 갈래 길에 서서
나는 가슴앓이를 한다
시 때문에 온몸으로
끙끙 앓는다.

뒷걸음으로 산을 오르다

첫 발짝부터
뒷걸음으로 오른다는 것은
몇 곱이 힘들어

어스름 새벽 아무도 묻는 이 없는데
무슨 일이 있었을까?

민초들은
당하기만 한다

민초는 말없이 잊기 위해
뒷걸음으로 산을 오른다.

거꾸로 가는 하늘

백결은 백성들이 만들어 준 이름이다
지금은 하늘이 썩어서
그 물 때문에 민초들도 울고
법을 지킨 자는 망하고
물질만능으로
백 좋고 돈 많으면 법이 따로 없다
당한 자만 억울하고 눈물 흘릴 뿐
억울함 아는 이 아무도 없다
그저 법 지킨 자가 바보가 되고
안 지켜도 돈 많으면 돈법이라는 법이 된다
이것 때문에 열심히 살려는 사람도 죽고
어떤 돈 많은 사람은 룰루랄라하고
고르지 못한 세상사
누가 이런 세상 만들어서
가슴을 울리나.

안개 낀 새벽 산

눈 뜬다
그늘 향한 내 발자국
산은 어느새 나를 삼키고
내려다보이는 땅엔
하늘이 내려와 별들이 반짝거린다
군데군데 모인 반짝이는 별빛은
내 마음을 그곳에 앉히고
별은 꼭 토끼가 두 발 들고 있는 듯한 모습
나는 보았네 봉서산 꼭대기에서
발들 들고 별빛은 앞을 향해
전진하는 그 별의 모습을 잊지 못한다
내 앞에선 별들이 땅에 내려와
반짝거린다
내 눈엔 별들이 반짝거린다
민초들의 등불이다.

거짓말쟁이

아~ 가을이다
도토리를 주우러 갔다
내가 좋아 줍는 도토리인 양
방귀 버섯은 영락없는 도토리다
만지면 펑 터진다
껍데기만 남는다
사회의 못된 사기꾼과 같다
터지는 먼지 덩어리
세상도 아차하면 거짓에 속는다
거짓말 투성이다.

자유의 다리에서

사람보다 먼저
이제야 가는가
북으로 가는 소떼

꽃다발 목에 걸고 보니
눈망울 가득 사람들의 소망이 맺혀
눈물 뚝뚝 떨구며
흙 냄새의 역사를 두리번거리는
저 밝은 눈

어찌 보면 세상을 초월한
이루지 못한 욕망에 한숨짓는
오백 마리의 소떼

임진강에서 나는 보았네
북쪽만 바라보던
소망의 다리를 건너는
천 개의 눈
그 눈망울.

요란스런 수레

요란한 수레들은
조용히 가는 수레를 못 끈다

왜 요란히 소리내지 못하는지
짐을 많이 실어 힘 써버렸기에 조용하지
빈 수레는 딸그락딸그락 너무 요란스러워

세상이 떠들썩
이 오묘한 것들을
아무도 모를 줄 알지만
세월이 가고 더 흘러가면
하나하나 드러나
모든 이가 알 수 있는 것

세상은 돌고 돌며 때로는 역지사지
말, 말, 말만 많은 지금
잘못을 모르는 그 바람

나쁜 바람은 모른다

자기가 저지른 모든 일을
힘에 겨워 조용히 가는 그 수레를.

제4부

가끔 그 숲길에서

가끔 그 숲길에서

지나간 어느 여름날
낮에도 어둑어둑 먹장구름 밀려와
비를 뿌렸지

송림 우거진 그 숲길 누구였나
빗속을 무심히 걷던 이

가끔 또 비는 설레듯 내리고
가을비는 색깔로 수풀을 물들이고

차츰 바람이 차다
이제 비는 솜털처럼 가볍다
절로 사뿐히 송이송이 눈이 되어 내린다

비로소 우리는 가다 오다
엇갈린 뒤에도 서로 만난다

눈길에서
문득 나에게로 가려 한 그대 발자국

그리고 내 발자국 어디쯤인지
밟고 걷다 배후가 허전하면

희디흰 눈꽃 같은 마음
생각나면 돌아보라 그대여
누군가는 그 길 스스로 걷는다네.

감사할 뿐이고

옛 추억 떠올리며 쑥 캐러 온 날
앞집 동생은 초밥을 싸왔다
어린 시절 소풍 온 느낌

맛있게 먹고 음료수를 소화제라 말하며
바로 앞산 양지쪽에 가서
잠깐 동안 쑥 캐며
옛 추억을 떠올리며 여러 가지 생각

냉이, 민들레꽃들은 엄동을 지나
환한 봄을 만들고
이 모든 세월의 흐름이 감사하다

정겨운 목소리로 "언니" 하는 말소리도
감사하고 고맙다

나는 왜 저처럼 살갑게 하지 못하는지
무뚝뚝이 나의 본능인 것처럼
고치려 해도 고쳐지지 않는

내 모든 행동과 말씨가 미안할 뿐이고

동생아, 우린 변함없이 살아야 해
너의 모든 말에
감사함과 고마움을 알게 하고
이런 동생을 내게 가까이 보내준
하늘에게도 감사하며
동생이 항상 건강해서
더욱 감사하다.

내 힘으로 할 수 있는 게 없고

11월 3일 수능날 새벽
문을 여니 마당에 환한 손녀의 얼굴이 떠오른다

떨지 말고 지금껏 한 만큼
최선을 다해라
할머닌 할 수 있는 게 기도밖에 없어

더욱 안쓰러운 건
코로나19 때문에
공부도 제대로 하지 못한 것

아빠, 엄마 희생의 등불이 될 민서
오늘이 민서가 달처럼
환히 웃는 날이 되길
기도해야겠네.

산딸기

지금은
자연으로 간 너에게
부드러운 꿈 울고 웃던
너의 큰 눈이
내 마음 달래는 우아함으로
순결하고 죄 모르는 너에게
시를 바친다

숙아
나를 계속 사로잡고
너를 잊지 못하는 수많은 사연
개미 떼의 행렬처럼
운명에 매달린 나의 아픔도
외침도 아~ 아
내 사랑아
네가 돌아간 그 자리
빨간 산딸기 세 송이가
자연에서 따뜻한 햇살
받으며 있어

이 엄마의 마음을
비탄에 울게 한다.

쌍계사에 부는 바람

유년 시절
풀잎에 흔들리던 웃음
한나절 소풍 길에 보았던
옛 친구 얼굴 못내 그리며
다시 찾은 쌍계사 전경은
세상의 풍속에 물들어
예쁘게만 꾸민 공원 같다

젊음은 갔는데
쌍계사 함께 걷던 친구들
보고 싶다. 풀꽃 향기 머금고
귀에 쟁쟁 울리는
그 목소리

사십 년 전 그 길로
쌍계사 찾아갔네
꿈결인 듯 추억은 흘러
어디로 갔는지
알 수 없는 친구의 안부

저 하늘 구름에게 물으며
바람과 함께 길을 걸었네.

은빛 머리

불빛 비추이는 아들의 머리에
하얀 은빛 금이 무더기로 나 있다
삶의 버거움을 말없이 알려 주는데
쉬는 날도 제대로 없는 아이
애처러워하는 엄매에게
이렇게 말한다
엄매. 그래도 일이 있다는 것은
다행스러운 일이라고
그도 그럴 것이 실업자가 많은 오늘날
버거워도 말없이 가족 거느리고
인내로 견뎌 준 아들,
니가 장하다
진정한 대한의 아들이다.

출근 시간

마음은 "수고하세요. 안녕"
속에서만 소리 내는 이 말
전할 수 있는 날은 언제일까요?

당신을 향해
"다녀오세요"
"수고하세요"
"사랑합니다"
수많은 인사를 했는데
들으셨나요?

차의 경적으로 알았다고
'빵빵' 이라도 한 번 하시지요.

분꽃 장난

어린 시절 소꿉친구

꽃씨 따 찍어 바르면
새색시 하얀 얼굴
꽃을 따 귀에 걸면
귀걸이 달랑거리고
색시 만들어 작은 성냥갑에 담아
시집가고 장가가고

얼마나 재미있는 친구였는지
지금 어린이는
추억이 없다.

이렇게 살 수 없을까

만나면 밥 차리고, 일하고, 자고
또 그렇게 살았다

엄매 엄매 우리 어머니도
내가 떠났을 때
아가 아가 잘 지내라
음매 음매 하였을까?

어쩌면 음매라는 것은
묶어 놓은 끈 같은 것
음매 음매

음매 음매 어미 소는
사료도 먹지 않고
엄매 엄매 어린 송아지는
날마다 어미 소를 찾는다

할아버지는 송아지를 보내며
가서 잘 살아라
어쩔 수 없이 헤어지는 거란다.

엄매

팔십팔 세 할아버지, 할머니
오늘은 아기 송아지를 데리고 팔러 나간다
어미 소는 음매 음매 아기 부르고
아기 송아지 엄마 떨어지기 싫어 뒤돌아보며
꼬리 당기며 엄매 엄매
할머니는 마음 아파
밥 안 먹고 우는 어미에게
흰죽을 끓여 앞에 갖다 놓으며
울지 말고 먹으라고
어쩔 수 없이 사람도 짐승도
만남이 헤어짐의 징조라 했다
안쓰럽지만 죽이라도 먹고
마음 달래라고 하네
그래도 아기 부르며 음매 음매.

딸과 함께

그리운 친구처럼 딸과 함께
놀이동산에 가고 싶다
용감하게 유람선도 타고
어릴 적 기억처럼
배가 남기는 포말 위에
종이배 접기에도 너무 작은
쪽지 한 장 띄워 보내며
티 없이 맑은 웃음
신나게 뿌리고 또 가고 싶은 곳
동물원
물개의 재롱도 보며
아무런 구분도 없이
친구처럼 하나의 생각으로 몸짓으로
보내고 싶은 우리들의 시간
알면서도 서운하다
우리 왜 점점 더 함께하지 못할까
딸과 함께 어울려
맺고 싶은 추억은 헤일 수 없는
열매처럼 너무 많은데.

눈싸움 추억

너는 너 나는 나
두 팀이 된 눈뭉치
지난 계절의 추억 잊었니?
산 잎새 바닷가에 날리고
바람에 날리고… 날리고
가을이 안개 너머로 간다
눈이 온다
바닷가 그 친구가
하얀 옷 입고 웃고 있다
손짓한다
친구는 점점 멀어져 간다
나 홀로 눈을 뭉친다
너에게 던진다
그 친구가 보고 싶다
친구야.

두레 우물

내 어릴 적 두레 우물
옥골 골목을 지나
큰 샘 이렇게 불린다

그곳은 아주 얕고 맑은 물
뱀장어, 붕어가 놀고 있다
어르신들이 말하길
우물 지킴이 큰 장어도 있고
등이 굽은 검은 붕어도 있어

바닥 넓적한 바위에
무늬가 있는 것처럼
울뚝불뚝 장어와 붕어
물이 조금 나오는 날에는
보이지 않았다

지금의 생수병처럼 몸통이 굵은
장어는 어쩌다 한 번씩 나타나고
어른들은 그 장어가 우물 지키는 수호신이라 했고

아무도 잡으면 아니 된다 했다

그곳에 물 길러 다녔다
양철로 만든 두레박에 끈이 달려 있어
물을 길어 올리려면
얕아서 어린 우리의 팔로도
여섯 번쯤이면 물을 들어 올렸다

어느 때는 두레박이 없어
푸는 사람의 뒤에서 기다리기도 하고
비가 많이 오는 날에는
물이 차고 넘쳐서 그냥
바가지로 퍼도 됐고
네모난 가장자리로 분수처럼 넘쳤다
우물가에서는 빨래하기 좋았다

가뭄에 온 동네 물이 말라도
장어와 붕어는 보이지 않는다
우물 깊은 쪽에서는 계속 물이 나와

두레박으로 퍼올려
오 리쯤 되는 동네에서도 소달구지로
드럼통 깡통 등에
여섯 통까지 퍼서 실어 가곤 했는데

아들 7개월 때 고향에 갔더니
우물은 간데없고
콘크리트 시멘트로 막아져 있었다

허전함 말할 수 없어
개발이니 소발이니
이곳저곳에서 우물을 파
그 물이 결국은 말라 버렸다는 말이다

내 어릴 적 추억의 우물터
그대로 두고 있었으면….
어린아이를 등에 업은 아낙만 서 있다.

우리 집 엔돌핀

우리 집 반려견은
아는 사람에게는 두 발을 앞으로 쭉 펴며
고개 숙여 인사를 한다

사람의 자식들도 인사하는 이가 없는 요즘 세상에
강씨가 인사를 한다며 사료를 사주시는 아저씨
햄을 사주시는 아줌마
먹을 것을 다 사주고 가신다

처음은 기지개였는데
계속 잊지 않게 시키면 한다고 한다

저도 똑같이 새벽에 눈을 뜨면
먼저 "안녕하세요" 한다
역시 잘한다
잊지 않고 인사를 한다
한바탕 아침부터 웃는다
너로 인해 한 번씩 웃을 때마다
젊어지는 것 같구나

사람들은 대부분 좋아한다
문을 두 발로 누르며
꼬리를 친다

누군가 목이 안 묶인 개를 보며
"개 묶어 놓으세요" 한다
개에게 인사를 시키니
느닷없이 두 발을 앞으로
쭉 뻗고 고개를 숙인다

아저씨가 웃으며 가셨다
그다음에 개를 보고도
아무 말씀을 하지 않으셨다

그러나 많은 이를 위하여
목줄을 해야겠구나!

딱지 줍는 할매

당일 대출, 할매 대출
총알 대출, 엄매 대출
별별 글자가 다 씌어 있다

할매는 그 추운 날
슬리퍼를 신고 다리를 절며
딱지를 주워 모으신다
복지센터에 가져가면
쓰레기 봉지를 준다 했다

바닥에 떨어진 딱지를 모아
할매를 드리니
아주 고마워하시며
다음에 오가피 열매를 따오셨다

별별 대출이 다 써 있는 딱지
겨울 거리에 쪽지를 줍는 할매
신발을 사다 놓고 신고 다닐 시간이 없어
발 사이즈가 똑같은 할매에게

신고 다니시라고 드리니
그도 고맙다며 떡을 가지고 오셨네

그 할매는 믿음 생활도 하시는 할매다
날마다 어려워도 웃으시며
나름대로 열심히 사시는 할매

아저씨는 아들 셋을 놓아 두고
일찍 작고하셨단다
그 할매는 막노동에서부터 안 한 일이 없이
아들 셋을 키워 장가를 보냈건만
어느 아들 하나 도와주질 않는단다

세상은 이런 걸
할매가 불쌍해진다
건강하게 만수무강하세요

요즘 날이 더욱 추워지면서
할매가 안 보인다

그 할매가 보고 싶다

요즘은 딱지 주우러도 오시지 않는다
언제나 웃으시는 그 모습이
그리워지는 추운 겨울날
그 할매 보고 싶다.

꽃박람회

고양시 꽃박람회
수많은 이름 모를 꽃들 속
사람들 구경을 한다

사람이 꽃구경을 하는지
꽃이 사람 구경을 시키는지
우리 둘은 쌍쌍이 구경 갔다

꽃이 많아도 너무 많아
어느 꽃이 더 예쁜지 쳐다보는데
옆 친구가 어떤 꽃이 예뻐 묻는다
그때 "내 꽃" 하며 얼굴에 손 받침을 했더니
웃음보따리들이 터져
그 주위를 지나는 사람까지 웃겼다
그 때문에 웃고 또 웃었다.

아침 참새

무엇엔가 쫓기는 꿈
그 꿈에 억눌린 잠
내 잠을 깨우는 새소리에
내 귀는 창밖 담 밑으로 쏠린다

눈 비비며 창문 열고
첫 만남을 즐긴다
장난꾸러기 참새 떼
나를 깨웠다고 일제히 지저귀는데

웬일인지 오늘은 좋은 일들이
절로 생길 것 같은 예감
내일도
참새는 또 내일도
아름다운 노래로 내 창을 두드릴까

두드렸으면
두드리겠니
두드려 주겠니.

할미꽃 손

외할머니는 그 어려운 시절
손녀딸 주기 위해
떡을 손에 들고 와서
먹으라고 주시는데
"할머니 손이 더러워서 안 먹어"
지금 생각하니 손의 검버섯인데

장갑도 없는 시골에서
뙤약볕에 밭을 매기에 까만 것을
손을 씻지 않은 줄 알았다

지금 내가 할머니 꼭 그 나이가 되니
허리 굽은 할미꽃들이
모여 있는 것을 보면
꼭 나의 할머니 같다

그토록 많은 세월에
오직 자식 손자 손녀
잘되고 잘되기를 기도하셨다

그런 모습을 어려선 몰랐다
지금에야 이해하며
죄스럽다.

하루의 사랑

제5부

길 위의 삶이 오늘은 낮달로 뜨는가

남쪽으로 하늘가에 둥실대는
일만 송이의 꽃을 휩싸고 돌며
봄날의 바람이 이르되
사람아 보아라 지상을 향해
어여쁜 꽃 시절을 약속하더니
젊은 날의 그 바람 속
눈을 감고 마음의 눈으로 나는 보았네
서풍을 가로질러 날갯짓 치는 갈매기 떼
고향의 꿈은 언제까지나 아련한 동심이건만
남쪽 바다의 저편
진도, 그 섬을 떠난 후
누가 뭐래도 칠 년을 하루같이 살았다
사노라니 어느덧 열 번의 칠 년이 흘렀네
칠십 년 간 매일같이 나의 한 세상
좋았다고만 말할 수 없지
즐거운 날이 하루면 슬픈 날이 열흘
어이 견디나 저 험한 세상을
조심하고 꾹 참고 때로는 억척스레
내 세월의 절반은 잡초처럼 살았네

굽이굽이 고빗길로 칠십 년
팔백사십 번째의 달이 바뀌고
이만 오천오백오십 일의 날이 지나고

다시 한 살 같은 명년을 기약하며
잊지 못하리
우리 기쁜 오늘날의 비밀로 기억하리
사람이 사람에게 보내는 순수한 기념
한마디 인사가 등불처럼 밝은 날
아름다운 한 사람 얼굴에 꿈도 하나
굳게 새겨 내 마음의 보석 상자에
소중히 간직해야겠네
살아온 나의 길
나의 길 위의 삶이 오늘은 낮달로 뜨는가
보고 싶다 하얀 달
간절한 소망처럼 빛나는 나의 낮달.

(2018. 8. 25. 파주 파발로에서)

시계와 달력

세상에 없는 하루
어제도 내일도 나에게는 없으니
다만 오늘에만 살고 있다고
시계를 보면 알 듯싶다
멈추지 않는 시곗바늘
뒤로는 결코 돌지 않는 것
한 해의 여로를 헤아리는 달력은
벽에 걸려 꼼짝도 않고
모르고 지날 수 없네
시계를 보면
어느 날 지독히 서럽고 아팠던 가슴
글쎄 도대체 무엇 때문에 그랬을까?
시치미 떼는 낙서처럼
달력에는 그 수많은 날들이 박혀 있어
그것들 그냥 붙어 있는 것 아니라고
간다고 세월은 거침없이 흘러간다고
무심히 시계를 보면 알 수 있네
그 세월 속에 복잡한 나의 세상사 흔적
더불어 휩쓸려 간다고….

남자는 바보

바람이 곁에 부는데
이 아침 더욱 외롭다

온몸이 쑤신다
옆의 사람은
있는지 없는지

금은보화를 바라는 것도 아닌데
오직 따듯한 한마디
값이 없다

값없이 주는 말 한마디
그렇게 비싼지
기다림의 연속.

새벽 산행

산에 와서야
비로소 알았다
산속에 내가 있고
내 속에 산이 있다는 것을
내가 기우뚱하면
더 크게 흔들리는 산의 뿌리
잎새 마디 단단하게 맺은 향기
살짝 얼굴 한 번 내비치고
황급히 돌아가는 바람 한 줄기
넘어질까 위태롭다
애써 다스리던 혈압이 솟구쳐
오르면 잠들던 새들도
깜짝 놀라 하늘 높이 솟아오르고
참았던 풀잎들 붉게 꽃을 터트린다
산에 와서야
비로소 알았다
내 몸 이승에 와 잠시 머물다
이내 사라지고 말
한 줌의 바람인 것을

산은 깊을수록 말이 없다
산속에 들면 나를 쫓던 그림자
홀연히 사라지고 내 몸이
숲으로 젖어든다
빨려 들어가는 사람의 뒷모습
나 푸르름에 기대어
산의 소리를 듣는다
안에서만 아프게 터지는 언어 속의
벼랑에 들러붙은 풀포기 하나
질긴 생명의 혼불로 타올라
구름덩이 토해 내면
말없이 중심으로 모여드는 그리움
산은 끝내 말이 없다.

시간의 틈

시간이 맞지 않는
시계를 보면
누군가와
약속이라도 한 것처럼
불안하다.

바람 부는 길

산비탈 고갯마루에 눈보라 친다
바람은 불고 새들은 날고
저렇게도 용감한 바람의 길
동행하는 눈보라의 허연 질주를
감히 나는 따를 수가 없는데
그래도 가고 넘어야 할 고개
나의 고갯길은 몇 굽이인지
오늘은 오늘의 고개에 올라서
부는 바람과 눈보라 속
저 새를 배웅하네.

보따리

보따리 풀어
의심 보따리 모욕 보따리
모두 모양 풀어헤쳐 불사르면
새로운 아름다운 보따리가 생길지

오늘은 모든 보따리들을 꺼내어 사르고
그 재가 아름다운 꽃밭으로 변하면
우리 울타리 안에도
웃음꽃이 필 수 있겠지

영양제도 주고
잡풀도 뽑고
사랑도 해주면
웃음의 꽃, 사랑의 꽃이 피어나겠지.

겨울 산

세상의 산 하나를 겨우 넘은
골바람이 덜컹이는 행랑들
산문 뒤에 푸른 하오
수척한 들풀 위로
분분한 눈송이들
다섯 살 딸아이의 그림자만
동자석이 잿빛의 하늘 짓을
슬며시 걷어 올리며
여인의 속울음처럼
퍼지는 풍경 소리
넘어지고 깨어지지 않는 생
어디 있겠는가
헝클어진 머리칼을 가만가만
쓰다듬으며
산 동맥 어혈을 풀고
새 한 마리 보듬는다.

하루의 사랑

어제도 그 옛날에도 그랬듯이
태양은 참으로 변할 줄 모르는
어느 육중한 동상의 미소처럼
지난밤 깊고 깊은 꿈 속에도
세상은 쉼 없이
아침을 준비하는 거다

해 아래 만물과 부딪쳐
갑자기 그대의 손이 필요하고
그대는 또 내 손이 아쉽다고
우울한 얼굴로 눈짓하며
하루의 안녕을 기약한다

저녁까지 또 우리는 얼마나
그대의 소중함을 잊고 살 건지
해는 서서히 중천으로 떠올라
바쁜 그대 발길을 기다릴 뿐인데.

얼음 하늘·1

엄동에 부는 칼바람 속에
저수지는 신기루처럼
얼음 하늘을 펼칩니다
내 발자국 부서지는
빛의 입자가 눈부셔
돌아가라고 하얗게 눈짓하는
얼음 하늘에 비치는 해가
맑고 깨끗합니다
날개는 젖으면 날 수 없어
이 추운 날에도
마음의 날개를 가볍게 펼쳐
얼음 하늘에 띄웁니다
집으로 돌아가는 길에
외도하듯 건너 버린
산 밑 널따란 얼음 하늘.

얼음 하늘 · 2

칼바람 속에 얼음 하늘 걸어갑니다
내 발길에 부딪히는 물방울이
"얼음 하늘에 왜 와 바보야"
바보야 돌아가라는 하얀 눈짓도 고운
해님은 아무것도 모르나 봅니다
친구가 왔다고 같이 걷자 합니다
영혼의 근심은 얼음 하늘에 놓아 두라고
그때도 얼음 하늘은 맑고 깨끗했습니다
새도 날개는 젖을수록
날 수 없음을 알았습니다
마음의 날개 말리는 일을 해야 했습니다
햇빛에 내 발자국
남기지 않기로….

나뭇가지가 팔 벌리면

나뭇잎 진다
소리 없이 나무와 나무 사이 떨어진다
녹음의 시절은 가고
푸르름 떠나는 계절
나무와 나무는 숲이라 한다

숲속에 무성했던 잎새,
잎새는 가을빛에 마른 잎 되었네

나도 마른 잎 세월 걸어가네
내 마음의 나이를 잊고 싶다

묻지 마라 이 가을에
나이만큼 바람에
낙엽은 흩날리니
옛날로 귀 기울이네.

들녘의 볏짚

저 들녘에 살았던 봄이지요
먼 곳의 바다가 그리운 듯
넘실대는 파도처럼 살았지요

바람으로 열린 세상 푸르름 비운
황량한 들녘이지요
무르익은 알곡의 계절은 가고
봄부터 그리고 가을

어느 유순한 조상 그리듯
볏짚이 되어 가지런히 누웠습니다
이 세상을 돌아보는 뭇 영혼을 위하여
길 내듯 뒤따르는 바람의 길을
하늘이 답할 때까지

긴긴 한겨울 들판의 양식 되어
나를 버리고 아이의 행복 그리듯
볏짚은 흙에게 자양의 밀알 되어
풍부한 밥이 되겠지요

푸르름의 색깔이 모든 세상
유일한 진실이 아닙니다
쓸쓸할수록 보기에
좋은 겨울 들녘입니다.

망상 해수욕장

저 푸른 물결은
모든 것 다 품어 주고 아껴 주네
닫혔던 물속에 내 마음 던져
너처럼 많은 사람
껴안으며 이해하고
잡념부터
저 파도 속에 날리자

아무런 생각 없이 뛰어노는
어린아이들이 그리운 지금
저기 보이는 저 배를 타고
멀리 간다면
하늘과 땅이 맞닿은 바다와 하늘
배를 타고 가면
하늘까지 갈 수 있을까?

잡념 버린 이 마음
하늘까지 닿을 수 있을 것

갈매기도 가족과 같이 나는데
민서가 생각난다
홀로 공부하며
학원을 간 민서
고생의 꿈이
네 앞길을 비추리라.

사람들아 사람들아

눈이 하얗게 내린 새벽
하얀 이불 솜을 덮고
트리라도 한 것처럼 너무 어여쁜 나무
나도 이렇게 변할 수 있다 한다

여름엔 푸르름으로
온 동네 사람 다 쉬었다 가게 하는
나무도 사람을 많이 모아 저토록 이야기하는데
우리는 나무에게 배워야 한다
나이 먹었다, 못 배웠다, 생활이 어렵다 하여
있는 사람은 그들끼리 모이며
없는 사람은 없으니 따돌림이다

나무는 숲에 빽빽이 있는데
서로 가지를 비켜가며 서로를 위해 산다

가을이 오면 너 나 할 것 없이
낙엽 편지로 안녕이라 인사하고
고통과 추위도 인내로 참으며

나 추워, 나 아파 말 한마디 하지 않고
항상 제자리를 지킨다

사람들아, 사람들아
세월 가면 다 늙고 퇴행성 관절이 온다
너희도 그때 되면 알게 될 거야.

거울을 보며

아침 바람이 한나절 휘감고 돌아
삶에 겨운 겨드랑이 사이로 스쳐 간다

한 해가 보태어진 길목에
오늘은 한 점 두 점 검은 꽃이 피어
내 이층집 창가에 비친 하얀 햇살처럼
거울 속 나의 시계는
물구나무 선 채 내일로 돌아가고 있다

나의 시간은 푸르른 산이 아니다
무성한 나무는 더더욱 아니고
벌써 몇 바퀴나 돌았는지
보이지 않는 나이테
저녁 새는 저 산 넘어 날아간다.

중년 갈매기

세상을 마음껏 날며
얽히고설킨 사연들
높은 구름 속으로 날려보내

비바람 속 날갯짓하노라면
가야 할 그곳 흔들리지만
또 어느 곳을 향하여
날개를 펼칠까?

세상 삶과 부딪히며
하늘 향해 날 수밖에

백사장을 배회하는 한 마리
중년 갈매기
멀리 높이 아름답게 날고 싶다

날아올라
더 큰 바다를 보고 싶다.

돌담 위에 핀 꽃

발행 ㅣ 2022년 4월 19일
지은이 ㅣ 박영순
펴낸이 ㅣ 김명덕
펴낸곳 ㅣ 한강출판사
홈페이지 ㅣ www.mhspace.co.kr
등록 ㅣ 1988년 1월 15일(제8-39호)
주소 ㅣ 서울특별시 종로구 인사동11길 16, 303호(관훈동)
전화 02-735-4257, 734-4283 팩스 02-739-4285

값 10,000원

ISBN 978-89-5794-501-8 04810
　　　978-89-88440-00-1 (세트)

※ 저자와의 협약에 의해 인지는 생략합니다.
※ 이 책의 저작권은 저자와 본 출판사에 있습니다.